Made in the USA
Middletown, DE
25 November 2020

25293680R00073